P. Eusèbe [illegible]
O. F. M.

Beau à Dieu par le Nombre

D'après SAINT AUGUSTIN

MACON
A « L'UNION SÉRAPHIQUE »
13, RUE DE PLACE, 13

1924

Du Beau à Dieu par le Nombre

P. Eusèbe CLOP
O. F. M.

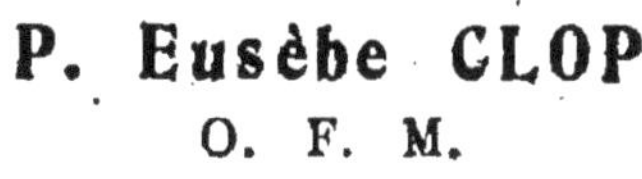

Du Beau à Dieu par le Nombre

D'après SAINT AUGUSTIN

MACON
A « L'UNION SÉRAPHIQUE »
13, RUE DE FLACÉ, 13

1924

PRÉFACE

Au lecteur.

Tout en ce monde est miroir de Dieu pour qui sait ouvrir les yeux, ceux de l'âme. En son Itinéraire de l'Ame à Dieu, saint Bonaventure enseigne que le second degré est de chercher Dieu en ses vestiges dans le monde visible ; puis, se faisant disciple de saint Augustin, le séraphique docteur ajoute que « cette recherche s'élargit si l'on a soin d'étudier les sept différences de nombres par lesquels on monte à Dieu comme par autant de degrés ».

La méditation de ce passage nous suggéra l'idée de ces pages, pour vous inviter, Ami Lecteur, à chercher Dieu « par ce qui resplendit le plus en toute la création, en ce qui attire et captive davantage l'attention des hommes » : la beauté, d'où ce titre : *Du beau à Dieu par le nombre.*

La science humaine va des choses sensibles aux intellectuelles, et des intellectuelles, dépouillées des espèces sensibles, l'âme s'élève jusqu'aux espèces supérieures ou ressemblances. Or, les ressemblances vers lesquelles nous tendons ont pour siège le Verbe de Dieu, ou « lumière éclairant tout homme venant en ce monde ». Verbe de Dieu « en qui réside éternellement, disait, en 1867, le P. Félix, avec les types de toute beauté, la puissance de les réaliser ; Verbe de Dieu, vous êtes tout ensemble, l'idéal et l'artiste, le type et l'ouvrier de tout ce qu'il y a de beau dans cet immense panorama de la beauté qui se nomme l'Univers. Pour arriver à la contemplation de la beauté vraie, il faut s'élever jusqu'à la contemplation de votre divine Beauté ».

En cette recherche de la céleste Beauté, les sens corporels n'ont qu'un office : ouvrir la voie, mais cet office ils ne peuvent le remplir qu'autant qu'ils reçoivent de l'âme leur puissance d'action, et l'activité. L'âme seule est capable de s'élever aux idées éternelles, sources de Vérité et de Beauté. Faite à l'image de Dieu, l'âme possède seule les aptitudes nécessaires à cette fin. Dans « l'Ame raisonnable » du Bienheureux Raymond Lulle, nous lisons, en effet, que « l'âme possède en soi les principes propres et naturels, qui sont la Bonté, la Vérité, la Délectation, la Différence, la Concordance, le Principe, le Milieu, la Fin, l'Egalité, etc., et grâce à ces principes substantiels, elle connaît les raisons ». Le docteur illuminé ajoute ailleurs : « autant que le comporte la capacité d'une créature spirituelle et pourvu que ce ne soit pas en contradiction avec les attributs divins, l'âme a reçu les similitudes ». C'est pourquoi, se basant sur les similitudes qui sont en elles, elle est à même de juger, d'établir les proportions, proportions de nombre, ce que du reste confirme saint Bonaventure en son Itinéraire, rappelant, d'après Boèce, que « le nombre est en l'esprit de Dieu l'exemplaire par excellence, et ce nombre, évident pour tous et très proche de Dieu, nous amène tout près de Lui par sept degrés, nous le faisant connaître dans les choses corporelles et sensibles, quand nous en percevons le nombre, que nous nous délectons dans les proportions numériques, et jugeons avec certitude les lois de ces proportions de nombre. »

Sous les auspices de Notre-Dame de Fourvière.
Lyon, le 21 avril, lundi de Pâques, 1924.

Du Beau à Dieu par le Nombre

(D'après Saint Augustin.)

« Vaines sont les pensées de l'homme », dit le Saint-Esprit par la bouche du psalmiste. Tout homme pourtant veut avoir son idée ; beaucoup même ont, hélas ! la sotte prétention de s'imaginer que la leur est la bonne, la vraie, la seule juste. L'expérience ne leur sert de rien, car à l'illusion ils ajoutent le fol orgueil de se croire supérieurs à tous les autres.

La confusion dans les idées procède tout uniquement, dirait saint Augustin, de ce que les intelligences ne vibrent pas selon la même proportion numérique. Les mots du langage sont les mêmes, les idées qu'on y attache sont aussi variées que le caprice des individus, aussi changeantes que les impressions. Par le défaut d'unité dans l'intention et le vouloir, les ondes sonores qui mettent en mouvement les nerfs auditifs ne rencontrent pas dans l'esprit et dans l'âme de ceux qui entendent une égale correspondance de vibrations intérieures. « L'harmonie entre les deux pensées que le mot doit unir est un but, dit fort bien le Père J. de

Bonniot, S. J., un idéal où l'on tend toujours, mais où l'on arrive rarement. »

En serait-il ainsi si toutes les intelligences se tournaient invariablement vers le but unique, le seul désirable, le seul profitable, le seul dont le résultat final est la vie éternelle ? « La vie éternelle, dit le Sauveur, est que les hommes te connaissent, ô mon Père. » C'est à cette unité de connaissance et de pensée que le saint évêque d'Hippone voudrait ramener tous les hommes par le moyen des nombres.

Une est la foi parce qu'une est la vérité ; une est l'âme, et c'est par l'unité de l'idéal qu'elle remonte à Dieu de qui elle tient l'être et la vie. Par contre, nombreux sont les objets qui frappent les sens, multiples les impressions qui affectent l'organisme ; une au dedans de chacun de nous, l'âme a pour fonction de ramener à l'unité les vibrations divergentes.

La diversion naît pour l'ordinaire du trop grand empire de ce qui est extérieur sur ce qui est intérieur, et, par voie de conséquence, de la faiblesse indolente de l'âme qui, se laissant dominer, n'exerce pas son office, et de souveraine devient sujette, ou tout à fait esclave, si bien qu'au lieu d'être spirituelle l'existence de l'homme sur la terre n'est souvent qu'animale, bestiale et sensuelle.

Amis lecteurs, le sujet est ingrat, la matière bien aride ; aussi bien nous osons faire nôtre une pensée de saint Augustin : « Quant à mes livres, écrit-il dans son traité de l'Ordre, il est possible que quelques-uns les rencontrent, et qu'à la lecture de mon nom ils ne disent : quel est celui-ci ? pour jeter ensuite le volume, mais que la curiosité et l'amour de l'étude les fassent aller plus loin, en dépit des chétives apparences du seuil. »

Le nombre en tout.

« Mieux vaut, et c'est là un remarquable principe émis par saint Irénée, au Livre second contre les hérétiques, mieux vaut, et c'est plus utile de rester ignorant, de savoir peu, mais d'être uni à Dieu par la charité que se figurer savoir beaucoup et blasphémer Dieu par suffisance. » Prémunissant toutefois les fidèles contre l'orgueil de la science, l'apôtre saint Paul ne défend pas le savoir pourvu qu'on sache y apporter la modération : *Sapere ad sobrietatem*, et Tertullien au livre de l'Ame : « il ne convient pas de chercher plus qu'il ne convient de trouver ».

Chercher Dieu par le nombre pourra sembler à quelques-uns chose vaine, une bizarre nouveauté. Autre sera sans doute l'opinion des esprits avertis, habitués à la réflexion, puisqu'au dire de saint Augustin, il y a du nombre en tout, que tout est nombre et se résout par le nombre. Interprétant dans un sens chrétien une maxime de Pythagore et de ses disciples, c'est avec raison qu'on peut, comme saint Irénée, admettre que « l'âme, principe d'activité, principe de nos sensations, a pour principe de tout ramener à l'une et indivisible unité ». Le saint évêque d'Hippone n'avait pas de souci plus grand que celui-là, quand il s'écriait : « Mon cœur est inquiet, Seigneur, tant qu'il ne vous possède pas. »

Le nombre, ici, remarquons-le bien, n'est pas celui qui met à la torture le génie des mathématiciens, ce n'est pas purement et simplement le chiffre sec, froid, inanimé des professeurs d'algèbre, c'est au contraire et avant tout, le nombre senti, le nombre vivant, le nombre en action, le nombre qui est partout, le nombre dont tout le monde fait l'expérience en chaque opération vitale, sans malheureusement en prendre suffisamment conscience. Ce nombre existe en tout, puisque, de l'aveu des savants, tout est en mouvement, tout se fait selon le mouvement. Le mouvement est précisément le nombre, dont nous nous occupons. Qui méconnaîtra qu'il y a mouvement, et conséquemment nombre, dans l'oscillation de la lumière et dans l'organe visuel, dans la vibration des sons, et dans l'ouïe, dans la palpitation du cœur et du pouls, dans l'ébranlement nerveux de l'organisme, dans l'agitation de la mémoire, dans la valse des imaginations, dans le trouble des idées, dans l'incertitude des raisonnements ? Qui oserait nier ce qu'affirme saint Augustin au Livre sixième de la musique : « à savoir qu'il y a en mouvement dans l'œil un agent lumineux, dans l'oreille un air pur et très subtil, dans les narines une vapeur, dans la bouche une substance fluide, dans le toucher un principe terrestre et comme visqueux ». Les sens, instruments du corps, sont mus par l'âme, tout le monde le sait, et c'est l'âme qui approuve ou désapprouve. Or, dit ailleurs notre saint, au Livre de la vraie Religion « nous désapprouvons tout ce qui s'écarte de l'unité ». On ne ramène à l'unité que ce qui appartient à la catégorie des nombres ; et nos organes, il faut bien l'admettre, jouissent vraiment alors seulement que les oscillations ou mouvements qui les agitent sont réduits à l'unité, c'est-à-dire à cette proportion de nombre et d'ordre qui les satisfait pleinement. Le nombre existe en tout : dans les sensations, dans les arts et dans la vertu ; la beauté de l'art, comme la splendeur de la vertu, sont corrélatives de la régularité des nombres dans nos organes.

Affirmer que l'art véritable est une réduction à l'unité ce n'est point une hyperbole imaginaire. L'artiste ne l'ignore pas, car il ne goûte jamais mieux son œuvre que lorsque tout est ramené à l'unité d'ensemble, que tout en un mot se résout dans le nombre, non pas en vérité dans ce nombre qui est de rigueur mathématique, comme en poésie, mais en ce nombre si bien dénommé « proportion rationnelle, ou rythme », c'est-à-dire belle et agréable harmonie des choses.

Cette harmonie qui préside à la beauté des arts, cette harmonie ou nombre est également la règle de l'ordre spirituel, la norme de la vie morale. Est-il, en effet, rien au monde où doive régner l'eurythmie plus qu'en la vie intérieure des âmes ? Dans la pratique de la vie quotidienne et chrétienne, ne donner au corps que ce qui lui convient raisonnablement, c'est se conformer à l'eurythmie, c'est-à-dire à cette loi du nombre, ou quantité, selon la recommandation de saint Grégoire exhortant à la sobriété, « de peur qu'exténué par la privation le corps ne succombe, ou que, replet au delà du nécessaire, il ne nous opprime ? C'est grâce à la juste proportion que se maintient l'équilibre de la santé, et grâce à cet équilibre l'âme reste en possession de tout son empire ».

C'est grâce à l'unité morale intérieure qu'une âme spirituelle s'élève jusqu'à la hauteur de la contemplation, atteint la largeur ou étendue de la charité, s'incline jusqu'à la profondeur de l'humilité, et supporte les maux d'ici-bas selon la longueur de la vraie patience. « C'est grâce à l'unité dans la foi, l'espérance et la charité qu'elle savoure la paix évangélique, annoncée par les anges ; c'est grâce à l'unité dans la vertu que l'homme parviendra à la mesure de l'âge de la plénitude du Christ. »

Quelque subtil que tout cela paraisse ce n'est pourtant que l'effet du nombre ; car c'est le nombre réduit à l'unité qui modère l'exubérante agitation de la sensibilité, calme l'enthousiasme démesuré des affections, et finalement conduit les âmes à cette unité parfaite, où, selon saint Grégoire, se goûte le vrai repos « *vera requies in unitate est* ».

Source et centre des nombres.

C'est par le nombre que saint Augustin conduisait son disciple à la connaissance de la beauté physique, artistique et morale, et de la beauté il l'éleva jusqu'à Dieu par la vertu des nombres.

Ayant donc achevé le cinquième Livre du traité sur la musique, il commença le premier chapitre du sixième et dernier Livre par ces mots :

« Nous nous sommes attardés assez de temps et même bien puérilement à chercher dans les nombres les rapports qu'ils ont avec la durée des temps. L'utilité morale de ce travail nous servira sans doute près des gens bienveillants à nous justifier pour ces études frivoles. Mais, cher Ami, puisque notre intention à tous deux est de nous élever des choses corporelles aux choses spirituelles, réponds-moi, quand on prononce ce vers : *Deus creator omnium*, dis-moi où résident les quatre ïambes et les douze temps, serait-ce dans le son que perçoit l'oreille, dans le sens de l'ouïe, dans la prononciation, ou dans la mémoire, puisque le vers est connu ? »

« Oui, dans tout cela ; mais certainement ailleurs encore ; car il existe assurément un principe mystérieux et plus élevé auquel se rattache toutes ces choses ».

Le savant docteur distingue d'abord quatre espèces de sons (car il traite particulièrement de la musique). « Il faut bien admettre qu'un son puisse frapper l'air dans une certaine proportion numérique et harmonique indépendamment d'un organe quelconque pour le percevoir », ne fût-ce que le bruit d'une goutte d'eau tombant avec rythme de la voûte d'une grotte obscure : voilà pour le son, de même des lignes peuvent s'agencer harmoniquement sans nul œil pour les contempler.

« Secondement, on ne peut nier l'existence d'une harmonie, particulière au sens de l'ouïe, harmonie intérieure, indépendante de tout bruit et qui aidera l'oreille à saisir la justesse ou le désaccord d'un son, lorsque celui-ci viendra à se produire. » Chacun de nos organes jouit de la même aptitude selon sa nature ; c'est une proportion numérique latente.

« Prononcer rapidement ou prolonger la durée des temps produit une troisième espèce d'impression » ; un regard furtif et à la dérobée se distingue d'une attention fixe et illimitée. La proportion numérique est autre par conséquent.

« Un nouveau genre peut enfin exister au fond de la mémoire qui, mise en mouvement par le souvenir, et en l'absence de tout ébranlement sonore extérieur, éprouve cependant en elle-même des vibrations numériques », d'ordre métaphysique, si on veut, mais non moins réelles. Et ceci pour tout ce qui peut tomber sous son empire, qu'il s'agisse de la vue, de l'ouïe, ou de tout autre organe.

« Admettre cette quadruple espèce de nombres n'est pas possible sans être nécessairement obligé d'en accepter une cinquième ; car c'est le jugement naturel qui accompagne l'impression, et c'est en vertu de ce jugement que nous sommes charmés de la justesse des nombres, ou choqués de leur défaut d'harmonie. Et, en effet, produire un son comme font les corps, l'entendre comme fait l'âme dans le corps, en modifier la mesure par la vivacité ou la lenteur, en rafraîchir la mémoire par le souvenir, ce sont autant de phénomènes distincts de celui qui consiste à apprécier les nombres, et à exercer sur eux comme un contrôle en les trouvant justes ou faux. »

Se pénétrer du sens de ces définitions et les approuver, c'est souscrire aux théories de saint Augustin, et reconnaître avec lui que nos plaisirs comme nos déplaisirs dépendent des vibrations numériques. « Tout ce qui plaît dans le corps, écrit-il, et charme par les sens corporels est selon le nombre ; cherchez d'où cela vient, rentrez en vous-mêmes, et vous comprendrez que vous ne pouvez approuver ou désapprouver ce qui entre par les sens qu'autant qu'en votre intérieur existent certaines lois de la beauté avec lesquelles il convient de confronter ce que vous sentez être beau. »

Se méfier de la première impression.

Comme rien ne pénètre en notre âme si ce n'est par l'intermédiaire des choses extérieures, il semblerait à prime abord qu'on doive accorder la priorité aux nombres sonores, s'il s'agit de musique, ou aux autres nombres analogues qui atteignent l'organisme. Voilà l'erreur du vulgaire ; maintes personnes, hélas ! se laissent aisément tromper, et sont dupes de leurs sens, aussi bien dans l'ordre spirituel que dans l'ordre matériel ; car ne l'oublions pas, dans l'un et l'autre domaine il existe du nombre, du nombre à la façon dont l'entend notre docte instructeur.

En musique la symphonie des sonorités charme et captive l'attention, toute l'attention, en architecture le bel agencement des lignes, en peinture la correction anatomique du dessin ou le brillant éclat du coloris absorbent le spectateur au point de lui enlever son indépendance de pensée, et de l'empêcher ainsi de regarder au delà et plus haut.

Comment peut-on se fier si aveuglément au témoignage des organes, quand on sait que « l'oreille ne peut juger que du son, et qu'il y en a de trois sortes », comme il est dit au Livre second de l'Ordre ? De son côté « l'œil ne perçoit que des figures géométriques, des formes et des couleurs, tandis que l'âme a le pouvoir de découvrir l'idée, de mettre cette idée en rapport avec les lois éternelles d'où dépend la beauté. De plus, pénétrant les profonds secrets de la beauté, l'âme reconnaît que ce qui plaît en elle ce sont les formes, dans les formes les proportions, et dans les proportions les nombres ». Se pencher de préférence vers ce qui est extérieur n'est-ce pas du reste contrarier le plan divin, et s'avilir au rang de la bête impuissante à s'élever au-dessus de la matière ? « Douée de raison et capable de science, l'âme humaine tend par sa nature à se soustraire autant qu'elle le peut aux entraînements des sens. L'homme, à la vérité, s'assimile d'autant plus à la bête qu'il accorde davantage aux sens ». C'est pourquoi au chapitre vingt-huitième de la *Quantité de l'âme,* saint Augustin dit encore : « c'est là la raison pour laquelle j'insiste volontiers en ce discours pour prévenir l'âme de ne pas céder aux sens plus que l'y contraint la nécessité, mais tout au contraire de s'en dégager, de se recueillir en elle-même pour renaître en Dieu, jusqu'à parvenir à ce qu'Horace nomme « une servitude amicale du Seigneur ». « S'il n'est action plus laborieuse que celle-là, il n'en est pas qui ressemble mieux à un repos. »

La proportion dans le nombre est ce repos, repos qu'on ne peut attendre de l'agitation fébrile des sens. La prudence veut donc qu'on se prémunisse contre l'écueil, car écueil il y a. « L'âme étudiant diligemment toutes choses, comprit l'étendue de son pouvoir, vit que ce pouvoir elle l'exerce par les nombres, et finit par se demander si elle n'était pas ce nombre, ou si ce nombre ne réside pas là où elle aspire. Bientôt elle ne douta pas que ce nombre, indice très certain de la vérité, était pour elle, en quelque sorte entre ses mains, comme ce Protée dont parle Alype au troisième Livre contre les Académiciens. »

Le danger est en ces émotions extérieures, « images fausses, dont nous calculons le nombre, et qui, produites elles-mêmes par un nombre mystérieux, nous servent de règle, attirent et captivent notre pensée au point d'étouffer en nous ce nombre, dès qu'on l'a saisi. »

Danger de la première émotion.

La foule irréfléchie, inconsciente, trop peu soucieuse de ce qui est supérieur, la foule échappe rarement à ce péril de séduction des sens. La foule ignore la doctrine de Platon rapportée par Tertullien, au livre de l'Ame : « ce qui paraît est une image de ce qui est occulte et caché ». L'ébranlement nerveux, fiévreux de l'organisme en empêche beaucoup de prêter l'attention à ce que leur dicterait la raison, et l'on voit quotidiennement se renouveler dans l'ordre esthétique, l'abomination de la désolation.

C'est beau, c'est beau ! clame la foule ignorante. Beau le temple où l'or ruisselle à profusion, beau l'édifice où surabondent les marbres de toutes provenances, belle la musique à grand fracas, beau le discours où de larges gestes précèdent ou suivent les éclats d'une voix tonitruante. Beau tout ce qui est clinquant, bruyant, inintelligible, insaisissable, vaporeux.

La foule n'a pas coutume de raisonner, elle ne le sait pas faire, ayons pitié de son ignorance. Vous, lecteurs qui pensez, qui savez mesurer les proportions et compter les vibrations, écoutez plutôt, écoutez avant tout, le langage de la raison, d'une raison non entravée par des idées préconçues et toutes faites. Si la lumière scintille en vibrations lumineuses sans limite, si l'onde sonore agite démesurément l'organe auditif, hâtez-vous de vous reporter au nombre de jugement, dont l'office est justement de calculer les proportions. Cet or, ce rouge, ce bleu, ces lignes multipliées et variées à l'infini, ce style fantastique, toutes ces choses qui causent tant d'admiration chez le peuple sans culture, tout cela a-t-il le nombre proportionné avec la beauté, avec cette beauté qui a pour base l'unité dans la simplicité, la simplicité de l'unité ?

Ce vacarme harmonique, ce chaos des voix, cet ensemble de volumineuse sonorité, tout ce bruit, donne-t-il à votre raison l'impression de la juste proportion, de la modération réclamée par l'adoration et la prière ? Naguère un savant artiste, parfait et excellent chrétien, entendant une exécution musicale dans une solennité religieuse, disait à Dieu de toute son âme : « Seigneur, acceptez le sacrifice que je vous offre d'être condamné à subir ces horreurs ! »

De grâce, n'accordez pas une louange aux vociférations de certains orateurs ; restez discrets. La gesticulation exagérée de quelques-uns est choquante. Quand elle est éclairée et guidée par la foi, la raison se sert d'une autre mesure pour apprécier la valeur d'un discours. Une âme qu'ébranle l'émotion religieuse attend, certes, autre chose que le murmure de mots sonores, autre chose que la cadence de périodes carrées. Pour apaiser sa vibrante attente il faut la symétrique vibration de la vérité divine, qui, seule possède le nombre adéquat, capable d'engendrer la sympathique unité.

Bouleversement de l'ordre.

Le nombre extérieur est le premier à mettre en mouvement l'organisme d'abord, et par la sensation produite il affecte enfin toute la famille de l'âme. De là la grande illusion de la masse, même dans l'ordre moral. L'impression doucereuse de la flatterie aveugle beaucoup d'esprits, et suffit trop souvent à voiler la trahison d'une âme vile, tandis qu'on ne saura pas deviner la bonté d'un cœur d'or à peine sensible sous la rude écorce de manières rustres ou violentes même. Les gens mal avisés ne savent rien découvrir au delà de ce qui les frappe, et raisonnent à la façon d'un disciple de saint Augustin. « Si je prends pour axiome, disait-il, que la cause est supérieure à l'effet, je dois logiquement accorder la prééminence aux nombres dés sons ; car nous les percevons par l'ouïe et en les percevant nous éprouvons une modification intérieure ; par conséquent ils sont la cause des nombres que fait naître l'impression faite sur l'ouïe. Ces derniers qui résultent de nos sensations en produisent d'autres dans la mémoire et leur sont également supérieurs, puisqu'ils en sont la cause ». « Ce qui est troublant, continue le docile élève, c'est que le son matériel soit supérieur à ce qui se passe en l'âme ; car il l'est comme la cause l'est à l'effet. » C'est là, effectivement, une réalité admise par tous les philosophes, que rien n'entre en l'âme sinon par les sens, de sorte que c'est bien l'ébranlement extérieur qui cause la modification intérieure. Ce phénomène, en tout conforme aux lois de la nature trompe quantité de gens irréfléchis. Telle est sur eux l'emprise de ce qui est extérieur que la voix intérieure du jugement et de la raison demeure sans écho en leur âme. C'est le bouleversement de l'ordre.

Combien insondable est le mystère ! « le matériel agit sur l'immatériel ». Déconcertante réalité qui laisse anxieuse la raison des plus fins psychologues. Tout le monde constate, et personne pour élucider l'énigme.

Ces yeux, dont le langage muet avait hier une si tendre éloquence, ces yeux vitrés n'ont plus de lumière, plus de feu, la pupille est éteinte, les paupières fermées ; l'oreille ne perçoit plus les vibrations de nos voix, nos sanglots et nos profonds soupirs n'ont en elle aucun écho, et ces lèvres silencieuses, et ces mains souples, délicates, ah ! ce père, cette mère, cet époux, cette épouse, ce frère, cette sœur ! Comme tout cela est troublant pour l'incrédule, sans la foi !

Le chrétien, non plus, ne pénètre pas tout le mystère de la vie, mais lui du moins a la consolante ressource de pouvoir se lancer éperdument dans le sein de Dieu. « Quel beau risque que celui-là ! », s'écrie saint Clément, d'Alexandrie, au premier livre du Pédagogue.

Saint Augustin répondra plus tard à son disciple que, si l'œil perçoit la lumière, si l'oreille saisit les harmonies, si tous les sens entrent en mouvement, ils reçoivent tous cette puissance de l'activité de l'âme. Ici il se contente d'expliquer d'où vient l'erreur commune et générale.

« Réellement c'est là chose digne d'admiration que le corps agisse sur l'âme. Il n'en serait peut-être pas ainsi, si le corps que l'âme animait et gouvernait sans peine et avec une souveraine facilité n'eût été dégradé par le péché originel et soumis à la corruption et à la mort. Non, rien de surprenant que l'âme agissant dans une chair mortelle en ressente l'influence ». Ce qui lui importe alors est de ne pas se laisser totalement dominer, mais de conserver et sa dignité et sa supériorité :

en effet, plus « elle s'éloigne et se détache des sensations charnelles, plus elle s'applique à subir l'influence des nombres de la divine sagesse, plus elle devient parfaite, en s'appropriant ce verset des saintes Lettres : « j'ai couru partout pour apprendre, pour considérer et chercher la sagesse et le nombre ». « Ce nombre qu'elle cherche n'est pas de ceux qui retentissent en d'infâmes théâtres, non celui, dit toujours saint Augustin, qu'elle reçoit du corps, mais bien plutôt celui qu'ayant reçu de Dieu souverain elle imprime elle-même au corps. »

L'ordre est ainsi fort simple : s'inspirer de Dieu, loin de se soumettre à ce qui vient du dehors, rectifier les mouvements, les modérer et se servir de ce qui est supérieur pour apprécier la beauté, aussi bien dans l'ordre matériel que dans l'ordre moral. C'est d'en haut que la raison doit recevoir la lumière.

Où puiser la lumière ?

Dans le monde des arts comme en celui des vertus règne souvent la confusion, avons-nous dit plus haut, parce qu'en tout ou à peu près la réflexion fait défaut. S'agit-il de beauté esthétique, l'ébranlement nerveux, intervenant le premier, produit une telle agitation sur l'organisme qu'un enthousiasme immodéré, et pas toujours assez justifié, entrave, quand il n'arrête pas complètement l'activité de la raison, juge naturel, ou la raison encore, prévenue par un irrationnel engouement, est réduite, et n'ose contredire le verdict des sens, auquel elle souscrit au milieu du bouleversement des émotions.

Dans l'ordre spirituel et moral il n'en va pas autrement, trop souvent, hélas ! Une lecture, un discours, une cérémonie, un acte religieux suffisent les uns et les autres à faire surgir des élans d'extraordinaire dévotion, allant jusqu'à l'exaltation si une réflexion calme et sereine n'en vient modérer les excès, une réflexion profonde et personnelle, car l'amour-propre parfois s'entête et ne se soumet guère au conseil de la prudente sagesse. Par ailleurs un insuccès, une défaillance, une contrariété, un reproche dont on ne reconnaît ni la justesse ni la raison, un rien suffit à jeter dans le découragement des âmes qui ne voudraient compter que des victoires. Aussi les verrez-vous tout abandonner parce que le triomphe n'a pas couronné l'ardeur de leurs résolutions, de résolutions qui n'avaient pas été prises selon la mesure et le poids de la juste modération, car on avait oublié de placer respectivement dans les plateaux de la balance la fragilité humaine d'une part, et la fermeté de la volonté d'autre part pour correspondre à la grâce.

Quand on néglige le nombre on se prépare une catastrophe ; c'est le nombre qui mesure la modération et maintient le raisonnable équilibre. Agitation, mouvement sans frein n'est pas vertu pas plus que ne le sont l'apathie et l'indolence ou paresse. La vertu occupe un milieu lequel répond à la loi du nombre : nombre de résolutions, d'efforts, d'actes.

Seul le nombre est apte à sauvegarder le parfait équilibre, soit artistique, soit moral. « Dès que pourtant nous commençons à regarder plus haut, vite nous avons conscience que le nombre dépasse notre esprit, et que son siège immuable est la vérité. C'est pour cela qu'on voit les sages, les vrais sages, s'éloigner le plus possible de toute souillure terrestre, car c'est alors qu'ils contemplent le nombre et la sagesse dans la vérité. »

Que de gens, hélas ! ressemblent au mendiant à genoux pour adorer l'or, et n'ayant que mépris pour la lumière de sa lanterne ! « Ce n'est pas, dit à ce propos saint Augustin, que la sagesse soit inférieure au nombre, elle lui est égale, mais il faut un œil capable de la contempler. Voyez ce qui se passe pour le feu dont on perçoit la chaleur et la lumière ; cependant la chaleur n'atteint que ce qui est proche, tandis que la lumière s'étend au loin. Ainsi donc, par la puissance de l'intelligence inhérente à la sagesse, les âmes qui sont proches brûlent de ferveur ; celles qui sont éloignées ne sont point atteintes par la chaleur de la sagesse, mais éclairées seulement par la lumière des nombres. »

Faut-il se contenter de la lumière des nombres ? « Les simples, les insensés peuvent bien ne pas désirer davantage ; mais l'homme sage doit aspirer à quelque chose de supérieur et de mieux. Que la foule vulgaire trouve sa félicité dans les harmonies des voix et des instruments, qu'elle se dise malheureuse quand elle en est privée, et bienheureuse quand elle en jouit, c'est son affaire ; mais nous, goûterons-nous moins de bonheur à écouter intérieurement en nos âmes le symphonique et éloquent silence de la vérité ? » Est-il en autre chose un bonheur plus certain, et supérieur à celui-là ?

C'est avec la vérité que nous devons conformer et nos goûts et notre conduite et nos mœurs.

Beauté dans la symétrie.

« Arrête-toi et considère la force et la puissance de

la raison, dans la mesure où il nous est possible de la saisir d'après ses opérations ». Quand il s'agit des choses qui ont trait à la beauté, la raison, en réfléchissant, parvient à distinguer deux sortes de mouvements, ceux de l'âme et ceux des sens, et elle conclut qu' « elle ne peut remarquer, distinguer, ni compter tous ces mouvements sans l'aide de nombres qui lui sont propres, nombres que l'estimation de son jugement place au-dessus de tous les nombres inférieurs ». Ainsi, goûtant une délicieuse émotion, la raison s'enquiert et se demande pourquoi nous nous complaisons dans la *numérosité* sensible. Et elle ne découvre pas d'autre motif que la symétrie. Pouvons-nous aimer autre chose que ce qui est beau ? Mais d'où vient cette préférence ? Le beau est agréable parce qu'il est selon le nombre, mais selon le nombre symétrique. Et « ceci non seulement pour la beauté qui charme l'ouïe, ou pour les mouvements du corps, mais pour toutes les formes visibles auxquelles on a accoutumé d'attribuer la beauté. En toutes ces choses, lors donc que nous cherchons ce qui plaît à notre nature, et que nous rejetons ce qui lui répugne, notre plaisir a-t-il d'autre raison que le pouvoir de l'égalité, alors qu'en vertu de modes cachés nous reconnaissons qu'entre les choses égales il y a concordance de symétrie. Il nous est permis d'observer ce même phénomène dans les parfums, les saveurs et le sens du toucher ; il serait long d'en donner une très nette raison, mais l'expérience en est très facile: Il n'est rien dans les choses sensibles qui ne nous flatte par la symétrie ou l'analogie. Partout, en effet, où il y a symétrie et analogie il y a harmonie ».

Que devons-nous retenir de tout ceci, sinon que

« Dieu souverain a soumis le corps à l'âme, que le premier acte de celle-ci est d'animer, le second de sentir ; mais elle ne doit rien souffrir de la part du corps ! Et cependant elle en subit l'influence quand le souci de la délectation sensible détourne son attention, quand elle se laisse préoccuper des mouvements corporels, quand les nombres de la mémoire l'agitent par les représentations et les chimères, quand elle est soucieuse de vaine connaissance, ce qui a lieu par les nombres sensibles, où sont renfermées certaines règles sous l'apparence flatteuse de l'art ; et c'est ce qui donne naissance à l'ennemie de la tranquillité cachée sous le nom de curieuse enquête, enquête impuissante à atteindre la vérité, à cause de sa frivolité ».

Réduction à l'unité.

Une âme judicieuse et sagement avisée ne peut ignorer que « dans la raison il n'y a rien de meilleur ni de plus fort que les nombres ou que le nombre et la raison même ». Au lieu donc de subir sans examen l'influence des vibrations produites sur les sens, qu'elle ait soin de s'adresser ce langage, comme l'y invite saint Augustin, au second Livre de l'Ordre, et qu'elle se dise : « Par un acte intérieur et secret je puis analyser ce que je dois apprendre ; cette faculté s'appelle ma raison. Que dois-je soumettre à l'analyse sinon ce qui paraît un sans l'être, ou ce qui l'est moins qu'il ne le paraît ? Et pourquoi recourir à l'analyse sinon pour établir l'unité autant qu'il est possible ? Soit donc que j'emploie l'analyse ou la synthèse, c'est l'unité que je cherche, c'est l'unité que j'aime. Par l'analyse, je veux la rendre pure, par la synthèse, je veux en assurer l'intégrité. L'analyse écarte les éléments étrangers, la synthèse réunit les parties homogènes ; c'est, de part et d'autre, pour arriver à la perfection de l'unité. »

Dans son infinie sagesse Dieu a créé toutes choses selon le nombre ; « le nombre pourtant n'est pas la règle, il dépend de la règle », observe fort bien saint Irénée en son Traité contre les Hérétiques, au livre troisième, et la sagesse « est de ramener les nombres à la raison cachée de la vérité, *ipsos numeros aptare subjacenti veritatis argumento.* »

Ce n'est donc point assez qu'un objet extérieur chatouille agréablement notre sensibilité pour mériter qu'on s'y complaise. La raison a le droit de soumettre à sa critique toute sensation, et c'est à elle de déclarer la légitimité ou non légitimité du plaisir. Une chose n'est vraiment agréable que dans la mesure où elle est en harmonie avec l'unité de la vérité. « La sympathie c'est l'amour, l'amour c'est l'unité renforcée, c'est la cohésion de deux en un seul. D'où vient que la douleur est une torture ? de ce qu'elle sépare ce qui était uni. » En son traité des *Noms divins*, l'Aréopagite le rappelle en effet d'après Aristote : « le un est l'élément (principe élémentaire) de toutes choses. Enlève le un, il n'y aura plus ni totalité, ni partie, ni quoi que ce soit dans les êtres ; car le un en lui, les prévient et circonvient tous sous la raison du un ».

Grande et inconcevable l'erreur de ceux qui se laissent éprendre follement par tout ce qui met en mouvement leur sensibilité. Ni l'œil, ni l'oreille, ni le toucher ne sont les juges à écouter ; ce sont des enregistreurs. Les faits qu'ils présentent, les émotions qu'ils font naître ont besoin de contrôle. Se fier aveuglément c'est un simple témoignage, c'est folie ou orgueil, et ce n'est point agir en être raisonnable.

L'ordre veut que l'âme, s'inspirant à la lumière de la vérité suprême, exerce un contrôle attentif et sévère sur tout ce que du dehors lui apportent les organes. S'écarter de cet ordre c'est s'écarter de la vérité, et tout écart de la vérité a sa source dans l'orgueil. « L'âme n'est rien par elle-même, elle tient de Dieu toute son essence, et tant qu'elle persiste en l'ordre primitif, Dieu, par sa présence, féconde en elle la raison et la conscience ; c'est donc là son bien intime. Aussi, s'enfler d'orgueil c'est se répandre à l'extérieur et, pour ainsi dire, s'anéantir, en tout cas se rapetisser de plus en plus. Se répandre à l'extérieur, qu'est-ce autre chose que se défaire de tout ce quelle a de plus intime, en un mot s'éloigner de Dieu, non par la distance de l'espace, mais par les dispositions du dedans. »

Si, en effet, le sentiment peut nous induire en erreur, comme cela arrive lorsqu'il n'est inspiré que par l'habitude, la raison peut également manquer d'exactitude et nous tromper, et c'est le cas toutes les fois qu'au lieu de s'appuyer sur l'indéfectible vérité, sur l'autorité divine, seule « vraie, solide et souveraine », elle s'appuie sur des prémisses erronées, fausses, sur une autorité humaine quelconque, ou si des préventions et préjugés la privent de sa liberté et de son indépendance nécessaires pour se prononcer équitablement. « Quand l'idée est juste, dit saint Augustin, au troisième Livre du *Libre Arbitre*, elle corrige pour l'ordinaire l'habitude mauvaise, et quand elle est fausse elle déprave la bonne nature : tant il y a de force dans l'autorité et l'empire de la raison. »

Appliquons cette doctrine à l'ordre esthétique et à l'ordre moral, nous comprendrons sans peine comment, dans l'un et l'autre cas, l'âme a besoin de paix, de calme, pour ramener tout à l'unité ; « la paix, ou repos, n'est pas l'oisiveté, mais la sérénité de la pensée, car l'orgueil de l'esprit et la volubilité de l'imagination empêchent de discerner la constante vérité, la curiosité se portant tantôt sur un objet et tantôt sur un autre » ; et « le trouble secoue en l'âme des dispositions qui se détruisent l'une l'autre, tandis que le repos lui assure la constance », c'est-à-dire l'harmonie calme et sereine, condition nécessaire en tout jugement sain. Lorsqu'en effet il s'agit de plaisir, « il convient d'avouer qu'il appartient à la raison de décider où se trouvent la proportion et l'harmonie », selon que le dit encore notre saint docteur, au chapitre onzième du même second Livre.

Tout nombre n'est pas Beauté.

D'où vient la Beauté ? Du nombre, répond le saint docteur. « Tout nombre est-il indice de beauté, de la véritable beauté ? Pas le moins du monde, car le monde, redisons-le, est et doit être soumis à un contrôle. L'âme, qu'on ne l'oublie pas, est le principe de tout mouvement ; c'est grâce à son activité que le nombre se fait sentir en l'organisme ; sans elle un corps vivant n'éprouverait pas plus de sensations qu'un cadavre ». « Dans les nombres de progrès l'âme ébranle les organes, ou se met en mouvement vers eux ; dans les nombres de réaction elle va au-devant des impressions du corps ; dans les nombres de mémoire elle flotte sous leur impulsion jusqu'à ce qu'ils se calment, et finalement par l'acte du raisonnement elle juge si le plaisir ou déplaisir est légitime. »

Le contrôle souverain dépend par conséquent de la raison ; mais, hélas ! « l'âme, qui est une force puissante, ne garde pas toujours au même degré le pouvoir d'étouffer les passions ».

L'ordre exige évidemment que l'âme ne reçoive pas du corps le rapport d'harmonie, car « elle n'est pas inférieure au corps, elle ne peut rien souffrir de la part du corps sinon en raison de sa propre activité ; par disposition divine le corps est soumis à son empire » et, continue saint Augustin, « c'est le comble de l'absurdité de soumettre l'âme au corps ».

La disposition de Dieu est telle que nous devons « nous appliquer à mettre de l'ordre entre ce qui nous est inférieur et supérieur, afin que, le Seigneur aidant, nous n'ayons pas à souffrir de ce qui est au-dessous de nous, et que nous trouvions notre joie uniquement en ce qui nous est supérieur. Le plaisir est en effet comme le poids de l'âme. Et c'est le plaisir qui introduit l'ordre dans une âme : *delectatio quippe quasi pondus est animæ, delectatio ergo ordinat animam.* Où donc se rencontrent les choses supérieures sinon là où réside l'harmonie souveraine, permanente, immuable, éternelle ? »

Le Plaisir.

La masse légère, volage, entraînée par le vertigineux torrent des plaisirs, ne soupçonne même pas qu'en dehors de la satisfaction des sens puisse exister quelque délectable plaisir. « En eux, au dire de notre saint, l'âme fait alliance avec la chair, sans aucun désir d'en briser les liens ; son affection pour ce qui est charnel lui vaut dans les Saintes Lettres le nom de *chair.* » John Ruskin le remarque fort justement dans « la couronne d'olivier sauvage » : « ce que nous aimons décide de ce que nous sommes et c'est l'indication de ce que nous sommes ».

Et pourtant en toutes les âmes « la mémoire répercute indistinctement les mouvements des sens et de l'esprit. Plus ces derniers sont simples, moins est utile le vacarme des mots : ils réclament la sérénité de l'âme. Cette égalité que nous savons incertaine et mobile dans les nombres sensibles, que nous reconnaissons voilée et transitoire, comment l'âme la désirerait-elle si elle ne se trouvait quelque part ? » Faut-il la chercher dans les espaces du lieu ou du temps ? « Non, car le lieu s'élargit et le temps passe ». Force est donc d'admettre que l'égalité immuable qui communique aux sensations la puissance d'émouvoir agréablement doit reposer sur quelque chose de fixe. Rien n'est fixe sinon le nombre, le nombre éternel. « De l'égalité, ou proportion des nombres, rien ne rend un témoignage plus certain que le nombre éternel. Alors d'où vient qu'on doive attribuer à l'âme ce qui est éternel et immuable si ce n'est au Dieu un, immuable, éternel ? »

Et, dans ce cas, poursuit saint Augustin, qui nous révélera « pourquoi l'âme s'éloigne à ce point de la contemplation des choses supérieures qu'elle ait besoin d'y être ramenée par la mémoire ? Ne serait-ce pas de ce que, s'appliquant à toute autre chose, un tel rappel lui soit nécessaire ? Quel peut bien être l'objet qui l'attire tellement qu'elle se détourne de la contemplation de l'immuable et souveraine harmonie ? Ou elle s'incline vers ce qui lui est égal, ou s'en approchant, vers ce qui est supérieur, ou peut-être inférieur ? Or, manifestement, à l'exception de l'éternelle harmonie, nulle chose ne lui est supérieure. Vois-tu quelque chose qui lui soit égal, et soit autre qu'elle-même ? Non. Le premier objet qui lui soit inférieur c'est elle seule, car elle se reconnaît changeante et instable, avec tendance à se porter ici ou là. Pour se maintenir dans l'ordre c'est prudence qu'elle se tourne invariablement vers ce qui est supérieur, et vers rien autre. »

N'est-ce pas chose digne d'admiration que l'âme ne s'attache pas tout entière aux biens éternels, sachant quelle le devrait ? Toute surprise cesse quand on observe ce à quoi elle a coutume de s'attacher, et à quoi elle réserve ses meilleurs soins ; car c'est là ce qu'elle aime, là où se trouve votre trésor, là est aussi votre cœur. »

Infini est le nombre de ceux pour qui la jouissance, le plaisir matériel sont l'unique objet de l'existence. L'habitude qu'ils ont de se pencher toujours et uniquement vers ce qui est inférieur, voilà la cause de tout le mal. Que faire quand l'orgueil aveugle leur raison ? Rares sont-ils ceux qui consentent à avouer leur erreur, plus rares ceux qui ont le courage de faire un pas en arrière pour marcher dans le splendide éclat de la vérité.

Ce qu'il faut à l'artiste, au spectateur, au critique.

Qu'il soit question de bonheur artistique ou de félicité dans l'ordre moral, la vraie sagesse demande qu'on ramène tout à l'unité, à l'unité souveraine dont le siège est en Dieu seul. Le grand, le principal travail de l'âme est justement de ramener à l'unité les vibrations folles des sens, de l'imagination ; à elle de calmer, d'apaiser l'agitation, de rétablir le parfait équilibre, de ramener à l'unité de la vérité les divagations de l'esprit, à elle de battre à l'unisson de la vérité suprême.

L'unité s'impose en tout. Le verdict de l'opinion ne pardonne pas et condamne avec intransigeance ce qui n'a pas le caractère d'unité. Ceux qui pensent et savent juger n'ont qu'un mot, souvent sévère, mais juste, pour apprécier ce qui s'offre à leurs sens ; d'un discours, qui étonnera les simples et les ignorants, le savant, l'homme doué des qualités pour émettre un avis, s'éloigne en disant : « Çà ne se tient pas, c'est échevelé, c'est extravagant, tout cela manque d'unité. »

Les gens sans culture se pâment d'admiration, les connaisseurs haussent les épaules, prennent en pitié l'auteur quel qu'il soit, et dédaignent son œuvre. « Il se pourra que le détail soit parfois intéressant, mais l'ensemble contredisant à la vérité n'est plus qu'une offense à la beauté. »

Avec quelle circonspection doit dès lors procéder l'artiste qui travaille, l'observateur qui regarde. Tant qne nous végéterons en ce monde de misère, ne comptons pas pouvoir créer des œuvres irréprochables et complètement conformes à la beauté absolue ; cependant, puisque l'art a pour objet de se rapprocher le plus possible de la vérité, l'artiste a le devoir de puiser aux sources de la divine lumière l'inspiration qui doit guider son génie ; il ne doit pas se contenter d'introduire en ses compositions un vestige quelconque de la vérité. La faute de plusieurs est de ne mettre en leur travail qu'une parcelle de beauté, sans essayer d'imiter plus entièrement la vérité. Pourvu qu'ils atteignent les sens et causent de l'émotion sur la foule impressionnable, ce médiocre succès leur suffit ; la vanité les guide: « enlevez les vaniteux, et il n'y aura plus de vanité », lit-on dans la *Vraie Religion*. Dieu, souveraine sagesse, « étant inaccessible aux sens, et ne se révélant qu'à l'esprit », l'homme qui s'adonne à l'art religieux ne saurait demeurer dans le domaine trompeur des sens ; s'il veut créer une œuvre qui mérite d'attirer l'attention, c'est dans les sphères de la contemplation qu'il lui faut puiser des idées. A ce compte n'est pas artiste qui veut, mais celui-là seul qui se complaît dans les régions de la prière, de l'oraison, de la contemplation. La supériorité indiscutable des chefs-d'œuvre des primitifs n'a pas de plus haute raison que l'élévation spirituelle et morale de l'inspiration. Il est aisé de sourire devant la tenue gauche des personnages, on ne peut, sans injustice, leur refuser l'admiration. Une pensée céleste animait toujours le génie des maîtres de la belle époque chrétienne. Une profonde méditation précéda les esquisses d'où sont sorties les incomparables cathédrales et églises du moyen âge. Dans le silence de la prière et de l'oraison les Cimabué, les Giotto, les Fra Angelico et tant d'autres conçurent l'idée de leurs inimitables toiles.

Pour être créateur de belles œuvres, l'artiste devrait

avant tout purifier son esprit, son cœur, son âme ; un artiste chrétien devrait être, sinon un saint, du moins un homme d'oraison, un homme de Dieu.

Vous, passants, qui regardez, vous qui prodiguez louanges ou blâmes, avant d'applaudir aux émotions, causées par votre sensibilité, avant de condamner, examinez soigneusement si vos émotions sont légitimées par la concordance de l'objet avec la véritable beauté. Votre âme vibre-t-elle au diapason de la beauté selon Dieu, beauté de la foi ?

L'œil a bien vu.

« Serait-ce par hasard que les sens nous trompent ? Non. Regardez un bâton que vous plongez dans l'eau, l'œil vous fournira l'illusion d'une brisure, pourtant il n'en est rien : l'air et l'eau sont deux éléments différents où l'impression sensible est naturellement autre : voilà tout. »

« L'œil ne ment pas ; mais pour juger sainement ne vous laissez pas surprendre par l'entraînement physique, remontez plus haut, cherchez l'unité que rien ne surpasse en simplicité, chercher avec la simplicité de votre cœur. »

Il est manifeste que les yeux ont bien vu, l'oreille bien entendu ; par eux-mêmes les sens ne nous trompent pas, selon la juste remarque du saint docteur, « oui, l'œil a bien vu, car il n'est fait que pour voir, mais l'âme a mal jugé », est-il dit au livre de la *Vraie Religion*.

D'où vient que l'âme puisse mal juger si ce n'est parce qu'elle se sépare de son principe ; d'elle-même, et en raison de son origine, elle est « unie naturellement aux idées éternelles », comme l'enseigne le deuxième livre du *Libre Arbitre*. Dieu, souveraine sagesse, est « l'immuable vérité qu'avec raison on nomme aussi la règle de tout les arts », comme il est écrit au livre de la *Vraie Religion*, et, « l'homme spirituel juge tout parce qu'avec Dieu il est supérieur à tout ». Mais, remarquons-le bien, pour tout juger, et juger sainement, il faut être avec Dieu. « Être avec Dieu, c'est posséder l'immobilité de la sagesse intérieure », — au deuxième livre de l'Ordre, — et c'est alors que l'âme peut comprendre très purement, et juger sainement ; malheureusement « beaucoup n'ont d'autre but que le plaisir humain, et ne veulent point chercher plus haut la raison du plaisir qu'ils ressentent ». Or il est de toute évidence que celui qui n'a en vue que le plaisir, que son égoïste satisfaction, celui-là s'expose volontairement à ne pas juger sainement, puisqu'il se place en dehors de Dieu, de qui il se tient à l'écart.

Au traité de la *Vraie Religion* nous lisons un peu plus bas, au chapitre trente-huitième : « c'est pourquoi quiconque se nourrit intérieurement de la parole de Dieu, ne cherche pas le plaisir en cet exil... quiconque s'attache à la contemplation éternelle de l'immuable vérité ne se précipite pas par la vue comme d'un sommet pour reconnaître ce qui est temporel et inférieur... » La beauté, la vraie, est dans la convenance », sache donc reconnaître la souveraine convenance. Ne sors pas de toi, rentre en toi-même, la vérité habite en l'homme intérieur ; si en toi tu ne rencontres qu'une nature changeante, monte plus haut. Élève-toi jusqu'à ce sommet où s'élève le flambeau de la raison ».

Purifier l'âme.

Oui, remarque saint Augustin, « l'œil a bien vu... l'âme a mal jugé ». Trop souvent, hélas ! l'âme suit l'impulsion venue du dehors, son jugement s'égare, parce que hâtif et précipité, prématuré parce qu'émis dans l'agitation de la nervosité. Non conforme à l'unité, son verdict ne correspond pas à la vérité. Il s'est fait sans Dieu, il n'est pas selon Dieu ; peut-être n'a-t-il rien avec ce qui est de Dieu.

Avant de projeter autour d'elle son regard, c'est-à-dire sa raison, l'âme doit prendre soin d'assainir premièrement ce regard, ainsi le recommande le livre des *Soliloques* : « car l'âme ne peut voir qu'autant qu'elle est saine » ; et elle n'a de santé que « si l'esprit est pur de la contagion des sens ». Combien donc il avait raison le prophète royal de se tourner vers le Seigneur, et de chanter dans l'angoisse de son âme :

« Créez en moi un cœur pur, ô mon Dieu, et renouvelez au fond de mon âme l'esprit de droiture. » Reportons-nous à la définition donnée au chapitre trente-troisième de la *Quantité de l'Ame* : « l'esprit de droiture, me semble-t-il, est celui qui rend l'âme incapable de dévier et de s'égarer dans la recherche de la vérité ; et il ne s'y rétablit pas que le cœur n'y soit purifié, c'est-à-dire avant qu'on ait mis un frein à la pensée même, avant que celle-ci ne se soit élevée au-dessus de toutes les passions et de toutes les souillures que produisent les choses périssables. »

Dans son traité de l'Ame, Tertullien nomme cela de la sagesse : « il est sage au-dessus de tout celui qui sait surtout par l'esprit, sans se fier à la vue ou à tout autre sens, et qui en pensant, se sert d'une âme sincère (droite), afin de saisir la sincérité de toutes choses, se séparant de la vue et de l'ouïe, et pour se prononcer, fait abstraction de tout le corps qui le trouble et empêche l'âme de posséder la vérité et la prudence, quand elle entre en commerce avec le corps. A l'encontre des sens corporels, il y a une autre faculté plus apte à se prononcer, à savoir la puissance de l'âme, qui opère l'intelligence de la vérité, dont la réalité n'est pas en ce qui est en face de nous ou soumis aux sens, mais réside loin de la conscience (connaissance) commune, dans le mystère,dans les sphères supérieures, tout près de Dieu. »

Quand l'âme s'est ainsi dégagée de l'empire des sens, quand elle a fixé sa demeure dans la sphère élevée, où il lui est loisible de contempler la vérité, elle voit avec clarté « combien sous le soleil tout est vanité, vanité des vaniteux. La vanité est-elle autre chose que tromperie, et les vaniteux que sont-ils, sinon des trompés ou des trompeurs, ou tous les deux à la fois ? »

Que l'âme ait avant tout le souci de purifier son regard, afin de ne « l'ouvrir ni en vain ni avec légèreté, ni de l'arrêter sur rien de mauvais », que son soin s'étende plus loin, et qu'elle s'efforce de conserver et d'affermir la santé de son œil, pour ne le porter sur rien sinon sur ce qu'il lui est permis de contempler. La purification est achevée lorsque, selon la doctrine de saint Bonaventure au chapitre quatrième de l'*Itinéraire*, « l'esprit est hiérarchique pour s'élever en égard de sa conformité à la Jérusalem céleste, où nul n'entre si elle-même ne descend dans le cœur », ainsi que le vit saint Jean dans l'Apocalypse.

Vertus théologales.

Du moment que nous nous hasardons sur le domaine de l'art religieux, afin de l'apprécier sainement et équitablement, notre âme doit être en premier lieu soumise à la purification morale qui s'opère par les vertus théologales. L'art chrétien entre dans la catégorie des questions morales, et personne n'a droit de s'en occuper à un titre quelconque si son âme n'est purifiée, éclairée d'abord par les rayons lumineux de la foi ; « car sans la foi l'âme est malade, son regard infirme ; sans l'espérance, ce regard est incertain, indécis ; sans la charité, c'est-à-dire sans cette vertu qui aime Dieu et ce qui est selon Dieu, le regard intérieur n'est ni droit ni vrai, et n'a donc pas l'aptitude pour contempler l'art selon la vérité. » Voilà pourquoi bien des œuvres présenteront peut-être le nombre matériel, mais, dépourvues du nombre qui convient à la beauté morale, on doit les exclure du culte divin ; et ceux qui les jugent uniquement d'après les vibrations sonores produites sur l'organisme sont eux aussi dans l'erreur et l'illusion.

Art. Sagesse.

Le traité de la *Vraie Religion* le rappelle fort à propos : « l'âme est sûrement inconstante, tantôt éclairée, tantôt ignorante ; elle juge d'autant mieux qu'elle est plus éclairée, elle est d'autant plus éclairée qu'elle possède une plus grande connaissance de l'art, de la doctrine, de la sagesse ; il lui faut donc acquérir la notion de l'art. Oh ! je ne parle pas ici de l'art qui résulte de l'expérience plus ou moins empirique, mais de l'art qui a pour base le raisonnement. »

Mettez à côté l'une de l'autre deux fenêtres d'inégale hauteur, votre œil en sera choqué ; placez-les l'une au-dessus de l'autre, il n'en sera plus de même. « La nature elle-même nous conseille ce qu'il fau tapprouver. »

« La convenance, sauvegarde de l'unité et de l'intégrité de la beauté, est ce qui charme en tous les arts ; la convenance, ou harmonie, réclame à son tour l'égalité de l'unité, soit par la ressemblance, soit par la proportion ; car, ainsi l'affirme toujours notre saint docteur dans son épître à Célestin : « l'unité est la forme de toute beauté, *omnis pulchritudinis forma unitas.* »

Chercher la beauté en dehors de l'unité n'est-ce pas nourrir un décevant espoir ? Le tenter n'est pas sagesse. Saint Augustin le dit fort à propos au premier livre de ses Rétractations : « la *philocalie*, qui ne consiste qu'en des choses frivoles n'est en aucune manière sœur de la philosophie, ou sagesse ; seule la *philocalie*, répondant à sa signification étymologique : amour du beau, est vraiment la beauté de la sagesse et concorde avec la philosophie. » Quand donc la *philocalie* accepte le dictamen de la philosophie concernant l'unité dans le beau, *philocalie* et philosophie sont sœurs : c'est la sagesse.

Dieu, règle des arts.

L'égalité et la proportion ne viennent point de l'extérieur, l'esprit humain, sujet à l'erreur, ne les possède pas davantage. Pour présider à tous les arts il faut donc une loi immuable. Cette nature immuable, supérieure à l'âme raisonnable, est Dieu, Dieu, sagesse première, sagesse qui est elle-même l'immuable vérité, et qu'on appelle à juste titre « la loi de tous les arts ».

C'est à cette source de sagesse infinie que l'âme humaine doit aller puiser les bases de ses jugements.

Remarquez-le bien, écrit ailleurs notre saint guide : « partout où vous trouverez mesure, nombre et ordre, n'hésitez pas à l'attribuer à Dieu... Gardez bien ancrée cette piété qu'il n'existe aucun bien que vous sentiez, compreniez, ou que simplement vous pensiez qui ne soit de Dieu ».

Bien certainement, « il est au pouvoir de notre âme de régler et de gouverner l'impression qui vient du dehors..., elle peut s'y associer si cela lui plaît, elle peut résister à son gré..., mais en se prêtant docilement aux impressions physiques elle s'appartient moins ». Ce n'est « qu'à force de peine et d'attention qu'elle est maîtresse ». En s'inclinant vers ce qui est vil, elle vit misérablement, en s'élevant vers ce qui est souverain, elle est bienheureuse, *vivit inclinatione ad infimum, misere ; conversione ad summum, beate vivit.* Quiconque croit au Christ n'aime pas ce qui est inférieur, ne s'enorgueillit pas en ce qui tient le milieu, c'est-à-dire en soi, mais s'efforce de s'unir à ce qui est souverain. N'est-ce pas là ce qu'on nous enseigne, ce à quoi on nous exhorte, et ce pour quoi notre âme devrait se consumer d'ardeur ? »

A Dieu par le nombre.

Ami lecteur, qui que vous soyez, ne perdez jamais de vue que « si l'âme est la vie du corps, la vie bienheureuse de l'âme c'est Dieu, et à Dieu l'âme arrive infailliblement par le nombre. Ce n'est pas le nombre, inférieur à la raison, et beau en son genre, qui souille l'âme ; seul l'amour de la beauté inférieure la dégrade. Quand dans la beauté elle aime non seulement l'harmonie mais l'ordre, elle perd l'ordre qui lui est propre. Elle demeure sans doute dans la hiérarchie des âmes, mais autre chose est s'assujettir à l'ordre et y être assujettie. Elle garde l'ordre quand de toute la puissance de son être elle aime ce qui lui est supérieur, c'est-à-dire Dieu, et qu'elle aime comme elle-même les âmes ses sœurs. Par la force de cet amour elle coordonne ce qui lui est inférieur, sans en être souillée. »

Comme tout obéit au nombre, et que par le nombre tout nous sourit, « servons-nous du nombre comme d'une planche de salut sur le vaste océan de notre existence mortelle ».

Itinéraire de l'Ame à Dieu.

Amusement puéril que tout cela, diront quelques-uns, perte de temps, penseront les autres, travail trop subtil, accentueront les paresseux. Bien autrement pensa le docteur séraphique ; maître par excellence et guide parfait dans les sentiers de la spiritualité, il se fait l'écho de saint Augustin, disant en son deuxième chapitre de l'*Itinéraire de l'Ame à Dieu :* « Nous montons graduellement des nombres sonores aux nombres judiciaux, en passant par les occurseurs, les sensibles et les mémoriaux. Puis donc que tout est beau et délectable en quelque manière, que la beauté et le plaisir ne vont pas sans proportion, que la proportion est en premier lieu dans le nombre, il est nécessaire que tout soit dans le nombre ; c'est pourquoi dans l'esprit du Créateur le nombre est le principal exemplaire, et dans les choses le principal vestige conduisant à la sagesse. Comme ce vestige est très clair pour tous et très proche de Dieu, il y conduit très prochainement comme par sept degrés, et fait qu'on peut connaître Dieu en ce qui est corporel et sensible, alors que nous percevons le nombre, que nous nous délectons dans les proportions numériques, et que nous jugeons sans erreur par les lois des proportions de nombre. De ces deux premiers degrés par lesquels nous sommes menés à la contemplation de Dieu en ses vestiges, comme à la façon de deux ailes descendant jusqu'aux pieds, nous pouvons conclure que toutes les créatures de ce monde visible guident l'âme du sage et du contemplatif jusqu'au Dieu éternel. »

C'est vainement peut-être qu'on chercherait ailleurs un commentaire plus lumineux des pensées de saint Augustin. Écoutons du reste la propre doctrine du sage Platon, du christianisme. Méditons la sublime invitation qu'au deuxième livre du *Livre Arbitre* il adresse à son cher disciple :

« Contemple le ciel, la terre, la mer ; tout ce qui brille là-haut, tout ce qui rampe sur terre, tout ce qui vole ou nage, tout a une forme, parce qu'en tout il y a du nombre ; ôte le nombre, il ne reste plus rien ; d'où viennent toutes les choses ? de celui qui est l'auteur du nombre. Les choses n'ont l'être qu'autant qu'en elles se trouve le nombre. Les hommes qui travaillent sur des formes corporelles mettent du nombre dans l'art, dans leurs œuvres. Qu'est-ce qui meut la main de l'artiste ? le nombre. Regarde la beauté corporelle, c'est le nombre dans l'espace ; regarde la beauté dans le mouvement, c'est le nombre dans le temps. Plonge-toi dans l'étude approfondie de l'art, cherches-y le temps et l'espace ; ils t'échappent l'un et l'autre ; et cependant le nombre y est vivant, mais sa région n'est pas l'espace, sa durée n'est pas le temps. »

La Trinité.

« Élève-toi au-dessus de la pensée de l'artiste, afin de contempler le nombre éternel. La sagesse alors resplendira pour toi du sein de son siège éternel, te servant de secrétaire de la vérité ». « Quand en effet, dit toujours notre Saint, au Livre de la *Vraie Religion*, la vérité guide l'âme, et lorsque celle-ci s'est accoutumée à se conformer aux préceptes divins, elle se trouve purifiée, et devient apte à percevoir les choses spirituelles, non pas celles qui sont passées, ou futures, mais celles qui demeurent sans être soumises à aucun changement, c'est-à-dire Dieu, Dieu unique Père, Fils et Saint-Esprit ». Quand donc l'âme s'est élevée jusqu'à la Très Sainte Trinité, et qu'elle en jouit, elle a atteint son nombre, parce qu'elle a atteint la Vérité, qui n'est autre que la Sagesse, et « la Sagesse elle-même, lit-on au *Livre de la Vie Bienheureuse*, n'est autre que la mesure de l'âme ; la mesure est de ne pas désirer au delà de sa capacité, de ne pas manquer de ce qui la remplit. Quiconque est parvenu par les échelons de la Vérité jusqu'à cette mesure souveraine est heureux ». La Trinité est la mesure que rien ne dépasse.

« Un tout, lisons-nous au premier livre sur la

« Musique », est constitué d'un commencement, d'un milieu et d'une fin. Le nombre trois répond à ce triple objet. Il existe donc une grande harmonie entre les trois premiers nombres ; on dit un, deux, trois, sans possibilité d'interposer un autre chiffre. Qu'il est merveilleux ce rapport de la Trinité dans l'Unité ! N'est-ce pas là chose digne de toute notre considération que plus cette concorde est étroite et intime, plus elle tend à l'unité, et sa pluralité formant l'unité ! Immense est cette concorde, repartit le fidèle disciple, aussi je ne sais pourquoi j'admire et aime cette unité que tu me signales. C'est bien cela, l'union et la cohésion des choses ont surtout le caractère d'unité lorsque le milieu concorde avec les extrêmes, et les extrêmes avec le milieu. »

Qu'est, en effet, la Très Sainte Trinité, sinon : unité de nature, trinité ou pluralité de personnes, avec égalité parfaite en tous les attributs divins ?

Harmonie intérieure.

Méfions-nous soigneusement de ce qui n'a que l'apparence de symétrie, d'ordre et d'harmonie ; « ne nous arrive-t-il pas de nous accoutumer peu à peu à ce que le défaut d'habitude nous rendait d'abord pénible, et ne finissons-nous pas par trouver agréable ce qui déplaisait ? C'est là une séduction des sens contre laquelle on ne saura jamais trop se prémunir, gardons-nous d'employer l'ordre pour ourdir une trame de plaisirs, là où ne se rencontre pas l'unité d'un tout harmonieux, c'est-à-dire dont le commencement, le milieu et la fin ont la juste concordance du nombre. Les joies de la terre, les plaisirs de la chair, les grandeurs et la gloire du monde, les biens matériels ont aussi leur nombre, mais un nombre et des nombres qui ne s'harmonisent pas avec les nombres des beautés immuables et éternelles. »

Par contre, quand la pensée se porte tout entière, et avec une attention profonde sur les choses immatérielles et immuables, c'est toute une psalmodie des nombres que l'âme entend résonner en elle, psalmodie fugitive, si l'extérieur qui l'entoure la distrait constamment du souvenir de Dieu, mais psalmodie aisément renouvelable pour qui sait user intelligemment des quatre vertus cardinales, mises à notre disposition par le divin Paraclet.

L'âme jouit de la suavité de ce concert chaque fois, qu'avec l'aide de Dieu, que captivée par la beauté de la tempérance, et s'arrachant à l'amour de la fallacieuse beauté des choses du dehors, combattant enfin énergiquement et détruisant les habitudes qui lui font la guerre, elle se donne toute à Dieu, — ce qui est le propre de cette vertu, — laquelle, au dire de saint Augustin au premier livre des *Coutumes Ecclésiastiques* « est l'amour se livrant sans réserve au Bien-Aimé ».

Concert, quand entraînée par le pouvoir de la force, ou « amour supportant tout sans difficulté à cause du Bien-Aimé », une âme est parvenue au degré de rester indifférente à tous les maux d'ici-bas, au point de ne se troubler de rien, ni de la perte des biens périssables, ni de la mort. C'est la douce harmonie qui lui permet de s'écrier avec Job : « Dieu me l'a donné, Dieu me l'a ôté, que son saint Nom soit béni » ; avec le grand apôtre Paul : « il m'est avantageux de mourir et de me réunir au Christ, mais à cause de vous il est nécessaire que je reste en ma chair », ou finalement avec saint François d'Assise : « Mon Dieu et mon tout ! »

Quand, instruite par la sainteté de la justice, c'est-à-dire quand « l'amour se consacre au service unique du Bien-Aimé, et pour cela domine toutes choses avec rectitude », l'âme a trouvé le juste équilibre, « ne servant que Dieu seul; n'admettant pour égales que les âmes pures, n'exerçant sa domination que sur les bêtes et la nature physique », elle goûte alors en son intérieur les charmes de célestes symphonies.

Quand n'ayant plus d'attraits que pour le ciel, que guidée par la lumière de la prudence, c'est-à-dire qu'en elle « l'amour discerne avec sagacité ce qui est utile de ce qui est nuisible » (c'est là la propriété de la prudence), quand ainsi l'âme n'aspire qu'au repos en Dieu, et que la contemplation est son unique souci, l'ivresse divine qui l'emplit lui est une musique plus agréable que les plus délicieux concerts de la terre, car l'amour qui la porte ne « l'entraîne pas vers un objet quelconque, mais sur Dieu, souverain Bien, souveraine Sagesse, souveraine Harmonie ».

Conclusion.

« O Sagesse, très suave lumière de l'âme purifiée, malheur à ceux qui te délaissent, oublieux de tes enseignements ! Tu ne cesses de montrer ce que tu es, et ta grandeur, tes signes sont la beauté même des créatures. Par la beauté de son travail l'artiste invite en quelque sorte l'observateur à ne pas s'y arrêter tout entier, mais après avoir contemplé du regard la grâce du chef-d'œuvre, à porter son affection sur l'ouvrier même... Malheur à qui se détourne de ta lumière pour se complaire béatement en son obscurité ! L'ombre qu'on aime enlève à l'œil de l'âme sa lucidité et la rend incapable de contempler la face de Dieu. »

P. Eusèbe Clop,
franciscain.

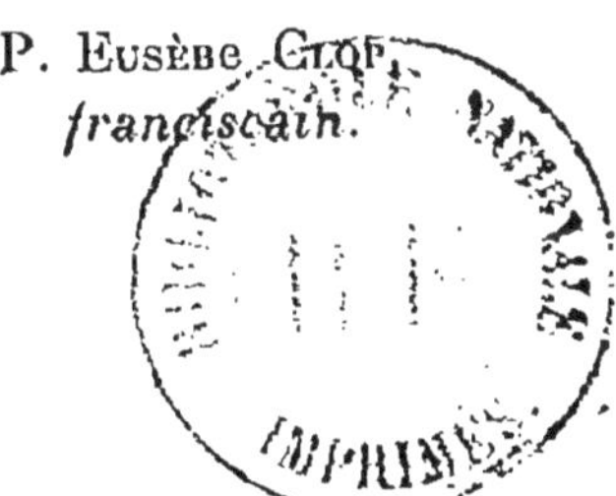

MACON, PROTAT FRÈRES, IMPRIMEURS.

www.ingramcontent.com/pod-product-compliance
Ingram Content Group UK Ltd.
Pitfield, Milton Keynes, MK11 3LW, UK
UKHW020405220726
13923UKWH00004B/1762